DELAGARDETTE

D'APRÈS LE MÉDAILLON EN BRONZE PROVENANT DE SON TOMBEAU

(Musée historique d'Orléans.)

PLANCHES

Sceau de l'École académique et gratuite de peint., sculp., arch. et arts
dépendant du dessin d'Orléans. (Gravé par Gatteaux en 1786.)

AVANT-PROPOS

Au mois de septembre 1880, un pieux pèlerinage réunissait MM. L. Imbault, J. Danton et H. Herluison, tous trois membres de la *Société des Amis des arts d'Orléans*, au cimetière Saint-Jean, devant la tombeau de l'architecte Delagardette.

Quinze années plus tard le dernier survivant renouvela pareille visite, sans retrouver la sépulture de l'artiste, elle avait disparu pour faire place à un nouvel arrivant.

A la suite de cette regrettable constatation le visiteur se livra à la recherche du médaillon [1] qui décorait le mausolée et fut assez heureux pour le retrouver.

De là est née la présente notice faite en collaboration avec M. Paul Leroy, secrétaire de la Société des amis des arts.

Évoquer en tête de ces pages le souvenir des deux amis de nos gloires locales qui nous ont précédé dans la tombe [2], est un devoir que nous nous plaisons à remplir.

H. H.

---

[1] Ce médaillon mesure 40 centimètres de diamètre. Le modèle en plâtre, œuvre de Gois fils, a été retrouvé récemment dans les ateliers de M. Barberon, marbrier, qui nous l'a généreusement offert. Cette maquette provenait de M. Payen, son prédécesseur médiat, qui avait contribué en 1805 à l'érection du mausolée.

[2] Louis Imbault, architecte des hospices, membre de la *Société archéologique de l'orléanais*, né à Orléans, le 5 avril 1821, décédé dans la même ville le 24 mars 1881.

Jean Danton, chef de division à la Préfecture du Loiret, membre de la *Société archéologique de l'orléanais*, Chevalier de la Légion d'honneur, né à Vernou-sur-Brenne (Indre-et-Loire), le 25 août 1829, décédé à Orléans, le 28 avril 1895.

L'ARCHITECTE

DELAGARDETTE

PAR MM.

H. HERLUISON ET PAUL LEROY

MEMBRES DE LA SOCIÉTÉ DES AMIS DES ARTS D'ORLÉANS

ORLÉANS

H. HERLUISON, LIBRAIRE-ÉDITEUR

RUE JEANNE D'ARC, 17

1896

Ce mémoire a été lu à la réunion des Sociétés des Beaux-Arts des départements, tenue dans l'hémicycle de l'École des Beaux-Arts, à Paris, le 10 avril 1896.

L'ARCHITECTE

DELAGARDETTE

Depuis bon nombre d'années déjà nous poursuivons la réunion des documents orléanais épars un peu partout et concernant nos anciens artistes. Des recherches de ce genre produisent à l'occasion les résultats espérés et une abondante moisson ; trop souvent aussi, hélas ! elles restent peu fructueuses, malgré l'obstination persévérante de ceux qui s'efforcent de soustraire à un oubli injustifié la mémoire d'hommes plus ou moins illustres. Ce n'est pas une raison, il nous semble, pour négliger ces simples glanes qui, par leur rareté même, deviennent presque précieuses. Qui sait? Peut-être à leur tour seront-elles semences et, pour d'autres plus heureux, le point de départ et l'occasion d'études intéressantes à l'aide de découvertes que nous ne soupçonnons pas.

Mus par ce sentiment, nous venons aujourd'hui présenter à la Réunion des Beaux-Arts divers renseignements documentaires sur l'architecte Delagardette, en y joignant la reproduction du portrait de l'artiste d'après le buste du sculpteur Roland et le médaillon anonyme (œuvre de Gois fils) placé sur son tombeau.

Le *Livre commode des adresses de Paris* d'Abraham du Pradel cite en 1692 un curieux portant ce nom, et, en 1782, nous trouvons un marchand d'estampes et graveur qui s'appelait Pierre-Claude Delagardette[1]. Mais rien ne prouve et ne permet d'affirmer qu'ils se rattachaient à l'artiste qui nous occupe aujourd'hui.

Claude-Mathieu Delagardette, né à Paris en 1762, était fils de Mathieu-François Delagardette, jardinier du Roi, et de Marie-Marguerite Couvet. D'après des souvenirs assez confus transmis dans une famille orléanaise, une de ses joies fut d'assister aux

---

[1] *Almanach de la Librairie*, 1778. — HERLUISON, *Actes d'état civil d'artistes français*. Orléans, 1873, in-8°.

fêtes de nuit que donnait la cour à Paris ou à Versailles. Les splendeurs des palais bâtis par Philibert Delorme et Perrault, et dont son père ornait les parterres fleuris, ne devaient pas laisser son âme insensible et éveillèrent en lui le goût des arts. Nous ne savons ni quel fut son degré d'instruction littéraire, ni quel collège il fréquenta, jusqu'au jour où se manifesta sa vocation véritable, secondée à coup sûr par l'exemple et les conseils d'un frère architecte lui-même. Dès 1784, il possédait déjà dans son art une certaine habileté, qu'atteste un lavis du *Temple de l'Amitié* dédié par lui à un Orléanais, son camarade François Dupuis, fils d'un maître couvreur de notre ville et qui travaillait comme lui pour devenir architecte. Ce lavis nous reporte bien au temps où florissaient l'allégorie et la sentimentalité. Les colonnes de l'édifice symbolisent vraisemblablement la solidité du sentiment affectueux ; l'énorme plate-forme et le temple lui-même nous enseignent la durée et la fermeté inébranlable de la vraie amitié, et les candélabres fumants en révèlent l'ardeur. L'intention est louable, la composition pure, le dessin correct; mais ce style mythologique et démodé excite à bon droit notre sourire.

Le frère de Delagardette inspira de bonne heure à celui-ci le dessein d'écrire des traités d'architecture. Le jeune artiste avait vingt-quatre ans quand il fit paraître chez J.-F. Chereau, graveur, rue des Mathurins-Saint-Jacques, n° 24, les *Règles de cinq ordres d'architecture de Vignole avec un détail d'un ordre dorique de Pæstum* et les *Leçons élémentaires des ombres dans l'architecture démontrées par principes pris dans la nature.* Les préférences de l'auteur sont nettement indiquées dans le chapitre intitulé : « De l'architecture en général. » L'architecture antique lui paraît la plus belle « par l'harmonie de ses proportions, le bon goût de ses « profils, la juste application et la richesse de ses ornements et « le grand style, autant dans son tout que dans ses parties ». On lui avait enseigné et il répétait à son tour que l'architecture gothique, originaire du Nord, devait son nom aux Goths qui l'auraient introduite dans les différentes parties de l'Europe; il blâme l'incorrection de ses profils et le mauvais goût de ses ornements fantastiques, mais admire sa solidité et le merveilleux qu'elle tire de sa hardiesse, de sa légèreté, de son artifice. On retrouve ce goût de la simplicité antique et cette horreur de la fantaisie, poussés jusqu'à la froideur et à la sécheresse, dans les compositions tirées des dessins par lui mis aux concours de l'Académie royale de Paris et qu'il a joints à son ouvrage (une porte latérale d'hôtel ornée de deux colonnes corinthiennes, une porte de maison particulière, une porte de jardin, une porte rustique, une porte triomphale). De rares ouvrages, d'un prix exorbitant, fournissaient les détails de l'ordre dorique de Pæstum, récemment employé à la porte des salles de la Charité par Antoine et au cloître des Capucins de la chaussée d'Antin par Brongniart. Dumont, professeur d'architecture, possédait les dessins originaux que Soufflot, son ami, avait faits à Pæstum et sur lesquels il avait marqué les mesures. Le maître obligeant les prêta à Delagardette, qui choisit parmi eux le temple Hyptère et put ainsi en mettre le précieux dessin à la portée des élèves architectes. Les *Leçons élémentaires des ombres* sont dédiées à M. Chereau, son éditeur. Delagardette s'y reconnaît redevable envers lui des progrès qu'il a faits dans l'architecture. Il le remercie de son amitié bienfaisante et de ses encouragements dans une carrière si difficile.

Élève de David Leroy et Pâris et honoré de récompenses par l'Académie royale d'architecture, Delagardette concourut en 1791 pour le prix de Rome. Le sujet qu'il avait à traiter était une galerie d'un palais. Sorti vainqueur de cette épreuve, il partit, la même année, pour la Ville éternelle. C'est à son séjour à Rome qu'il faut attribuer, sinon la totalité, du moins une bonne partie des dessins de lui mentionnés dans l'inventaire de l'école municipale d'Orléans. Tombeaux, églises, villas, portiques, casinos, thermes, chaires à prêcher, croisées, lavoirs même, Delagardette ne néglige rien et reproduit tout avec ardeur en un trait ferme et délicat. Le sud de la campagne romaine et les alentours pittoresques du Monte Artemisio furent l'objet de sa prédilection, si l'on en juge par ses croquis de la place d'Aricia, du palais Lanceloto à Velletri, du temple d'Hercule à Cori, de l'esplanade des Capucins à Albane, et par son lavis de la villa Rospigliosi à Frascati, sorte de mosaïque où les grands couverts et les allées en berceaux alternent avec les parterres en buis, les bassins d'eaux et les potagers en terrasse. Delagardette eut pour condisciples à l'Académie de France les peintres Garnier, Meynier, Girodet, Réattu et Gournaud, les sculpteurs Dumont, Gérard, Lemot et Bridan et l'architecte Lefebvre.

Nous ne nous appesantirons pas sur les péripéties nombreuses auxquelles fut en butte cette promotion. La publication prochaine de la Correspondance des directeurs de l'école de Rome les éclairera d'ailleurs d'un nouveau jour.

On ne rencontre pas le nom de Delagardette parmi les correspondants du sombre et soupçonneux Girodet. Fut-ce lui qui accompagna le pupille de Trioson, le soir de cette fête de Saint-Pierre, où le jeune Montargois fut momentanément arrêté par la police pontificale? Girodet ne précise rien à ce sujet. Dans le récit pourtant circonstancié qu'il donne de ce petit incident, il se contente d'indiquer qu'il se promenait avec « un architecte de ces messieurs ». Ce qu'il y a de sûr, c'est que Delagardette subit le sort commun à tous ses condisciples, et qu'après l'assassinat de Basseville il dut comme eux s'enfuir à Naples, nouvelle résidence de l'Académie. S'il y fut privé de la vue de Saint-Pierre et du Colisée, il allait y puiser à de nouvelles sources d'inspiration et réaliser le rêve qui ne cessait de l'obséder depuis son arrivée en Italie : étudier sur place les ruines de Pæstum et doter la France d'un ouvrage sur ses monuments d'après des mesures et des dessins rigoureux. Une excellente et généreuse Française, Mme Gasse, était depuis longtemps à Naples propriétaire à l'hôtel du Monte-Oliveto. Sa maison était continuellement peuplée de savants, de voyageurs, d'artistes qui y échangeaient leurs impressions et s'y liaient parfois d'une amitié durable. Quoiqu'il ne possédât qu'un maigre pécule, attiré par le renom de Mme Gasse, Delagardette descendit provisoirement au Monte-Oliveto. Tout en causant, il fit part de son projet à la maîtresse d'hôtel. Celle-ci l'engagea à demeurer chez elle, l'assurant qu'il ne manquerait pas de trouver, en ville comme dans la société de l'hôtel, les ressources nécessaires pour acquitter ses dépenses et surtout les moyens d'exécuter le plan qu'il avait formé. L'occasion ne se fit pas longtemps attendre. Tout d'abord, suivant sa louable coutume, il se mit résolument au travail. Des précautions lui furent nécessaires, à cause de la conduite égoïste du gouvernement napolitain qui défendait de dessiner et mesurer quoi que ce fût, sauf pour le Roi. Lui-même nous apprend la singulière aventure du peintre Gounod et de l'architecte Lefebvre qui, pour avoir osé dessiner de simples vues dans l'intérieur de Naples, furent conduits devant un tribunal et subirent la confiscation de leurs œuvres. Il n'eut pas à endurer pareille vexation, quoiqu'il ne se soit pas conformé à l'arrêté; nous en avons l'indice dans le dessin d'une porte antique ornant la façade d'une église à Naples [1]. Peut-être le domicile des riches particuliers ou amateurs devenus ses élèves, peut-être aussi les liens affectueux qui l'unirent bientôt à Vincenzo Ferraresi, architecte du roi de Naples et professeur en son académie d'études, lui facilitèrent-ils l'entrée des lieux propices pour échapper à cette tyrannie antiartistique.

A la même époque se trouvait à Naples un jeune peintre anglais, pensionnaire libre du gouvernement britannique, Georges Wallis, envoyé en Italie pour y étudier les paysages des environs du Vésuve et de l'Etna. Très amateur de l'architecture antique, Wallis avait déjà vu les monuments de Pæstum, mais il désirait les revoir et cherchait un compagnon de route. Ayant fait la connaissance de Delagardette, il lui proposa de le conduire gratuitement à Pæstum, avec les hommes, équipages, instruments et provisions indispensables. L'offre était d'autant plus généreuse que l'architecte français devait rester propriétaire de ses dessins. Delagardette, en échange, offrit à Wallis de lui faire les vues perspectives qu'il désirait. Les deux artistes s'entendirent à merveille, et, accompagnés du peintre Réattu, ils partirent de Naples dans le mois de mars de 1793, emportant avec eux tous les livres modernes sur la contrée. Même de nos jours une visite à Pæstum n'est pas sans danger, et François Lenormant, malgré sa grande habitude des climats méridionaux, eut quelque appréhension à l'entreprendre en septembre. La saison choisie par nos voyageurs était plus favorable. Malgré tout, le voyage présentait, à la fin du dix-huitième siècle, d'autres périls que devaient affronter les excursionnistes, particulièrement lorsqu'ils séjournaient. N'était-ce pas alors l'âge d'or du brigandage dans les provinces méridionales, et ne ressentait-on pas les premières fermentations du levain contre les étrangers? Mais contempler les merveilleux édifices de Pæstum, ressusciter dans l'ardeur de l'imagination ou fixer sur le papier les beautés mutilées de l'antiquité classique, se délecter en face des débris de leur vénérable splendeur était une tentation trop forte

---

[1] Collection du Musée historique d'Orléans.

pour que des artistes tels que Wallis, Delagardette et Réattu pussent y résister. Ils prirent donc gaiement le chemin des lieux célèbres où fut Posidonia. Après avoir complété leur escorte et leurs bagages à Salerne, ils atteignirent la solitude de Pæstum le 3 germinal an II (23 mars 1793). Delagardette fut saisi d'enthousiasme en touchant au but de son pèlerinage artistique. Longtemps après, le seul souvenir de cet heureux jour lui dictait les lignes suivantes : « Quelle scène imposante pour un artiste observateur, « que celle de voir sur les rivages de la mer un espace immense « et aride, entouré de murailles, couvert de colonnes et de monu- « ments majestueux, où sous un beau ciel qu'aucun nuage n'obs- « curcit, règne le silence le plus absolu, n'ayant d'autres habitants « autour de lui que ses compagnons de voyage, que quelques « rustres occupés à faire paître des buffles, que des pierres et des « serpents ! Combien un pareil ensemble doit lui faire naître d'idées « diverses et de réflexions profondes ! Vivement ému, j'étais sous « une sorte de délire à l'aspect du tableau extraordinaire qui se « déroulait devant moi. » La petite caravane s'installa dans la maison dite de l'Évêque et dut se contenter pour lits de misérables grabats, depuis longtemps délaissés. Il fallait aller à neuf kilomè- tres, jusqu'à la petite ville de Capaccio, perchée sur une montagne voisine, pour renouveler les provisions de pain, de fromage, de lait de jument, d'eau même ; celle des rivières de Pæstum était insalubre. Ces fatigues et ces privations ne découragèrent pas les trois com- pagnons, tout à leurs travaux et à leurs recherches.

Nous aimons à nous représenter Delagardette, dans le déborde- ment de sa verve et de son entrain artistique, parcourant l'enceinte des trois temples étranges, extraordinaires, grandioses. Nous aimons à nous l'imaginer, au milieu des buissons envahissants et des rosiers en fleur, reproduisant le pur dessin de ces ruines mémorables après de soigneuses mesures.

Ce voyage du jeune pensionnaire nous a valu *les Ruines de Pæstum ou de Posidonia mesurées et dessinées sur les lieux,* qu'il devait publier en 1799 [1]. Delagardette a accompagné ses des-

---

[1] Voir aussi, dans la collection du Musée historique d'Orléans : *Autres chapi- teaux que j'ai trouvés dans la terre à Pæstum, différents de ceux des Temples et de la Basilique,* lavis portant de la main de l'auteur la mention suivante : « Mesurés à Pæstum et dessinés à Naples en 1793, par Delagardette, architecte. »

sins de chapitres explicatifs sur les temples, leurs escaliers, leur charpente qu'il croit avoir été de bronze, sur la basilique, l'amphithéâtre, l'aqueduc, les murs et les portes de ville. Il s'y livre à d'intéressants parallèles avec les monuments de la Grèce et de Rome. D'après lui, le grand temple aurait été construit au temps de Périclès et serait postérieur à la basilique et au petit temple. Les fouilles amenèrent la découverte de médailles dessinées par le peintre Gounod. Si cet ouvrage est aujourd'hui bien oublié et feuilleté uniquement par quelques rares chercheurs, il a eu et conserve son importance, soit à cause de sa valeur intrinsèque, soit comme symptôme ou précurseur d'un mouvement qui donna la *Magna Græcia* de Wilkins, parue à Cambridge en 1807, et l'admirable étude de Labrouste, œuvre de dessin et de restauration qui, selon l'expression de F. Lenormant, « marque une époque décisive dans l'histoire de notre école, de même qu'elle fut le point de départ de la véritable connaissance de l'architecture grecque ».

Le temps des méditations pures et des rêves de jeunesse ne peut, hélas ! durer toujours. Delagardette, rentré en France, toucha la pension d'indemnité accordée aux pensionnaires expulsés de Rome ; nous avons vu même dans le cabinet de M. Jarry sa signature mise au bas d'une des feuilles d'émargement. Notons-le en passant, Delagardette ne renonça que tardivement à l'espoir de terminer en Italie la période normale accordée aux pensionnaires. Cette perspective est encore visible dans une lettre qu'avec quelques-uns de ses camarades, Bridan, Lemot et autres, il adressa au ministre de l'intérieur. « Réunis à la veille de retourner dans un « séjour depuis longtemps consacré à l'étude des Beaux-Arts », ils soumettent au ministre un projet de costume composé de l'habit bleu français avec revers de velours et broderie d'argent, gilet et pantalon en casimir serin, bottines avec gland et chapeau rond. A l'appui de leur demande, les pétitionnaires rappellent que les pensionnaires des gouvernements étrangers avaient toujours porté un uniforme en Italie, et que, les pensionnaires français en étant dépourvus, des individus peu recommandables s'étaient parés de ce titre et, par leur conduite répréhensible, avaient nui à la bonne renommée de l'Académie.

Il ne nous est guère facile de suivre Delagardette dans le cours de ses pérégrinations professionnelles qui comprend Paris, Orléans,

Houdan, Saint-Cloud, Montpellier, Cette, etc. Le 25 prairial an III, il signa les dessins au trait de la maison du citoyen Vauthier, marchand de tableaux et de marbre à Arles [1]. Arles était la patrie de Réattu. Tout porte à croire que ce fut par lui que Delagardette connut Vauthier.

En 1794, le nom de notre artiste apparaît dans l'histoire d'Orléans. François Dupuis, pour défaut d'aptitude suffisante ou pour toute autre cause, avait dû renoncer à la noble ambition de son adolescence et était revenu dans son pays natal exercer la profession paternelle. Delagardette, qui, nous le verrons, lui fut toujours tendrement attaché, venait lui rendre d'assez fréquentes visites. Ce fut peut-être au cours de l'une d'elles qu'il eut connaissance d'un concours pour la *Sainte-Montagne* que les sans-culottes et montagnards orléanais voulaient élever sur la place de la République, aujourd'hui la place du Martroi. Les membres du comité étaient : Robert, dit le père Robert, appareilleur des tours de Sainte-Croix ; Boyer, entrepreneur à Orléans ; un de ses confrères nommé Dubois, Roché et Lebrun, architectes ; Soyer, ingénieur en second des ponts et chaussées ; Boucher, ingénieur en chef pour le département du Loiret. Onze plans furent présentés. Le comité accepta celui de Delagardette. Le Musée historique d'Orléans possède un des plans avec perspective du monument. Quoiqu'il ne soit pas signé, son origine et sa facture nous font présumer que nous sommes en présence du plan de Delagardette [2]. Il fut acquis, en effet, de la veuve Rousseau qui le tenait de M. Salmon [3], professeur de dessin orléanais, grand admirateur de cet architecte.

Le plan dont il s'agit est accompagné de l'énoncé suivant : « La « Liberté triomphante élevée sur un grand piédestal, sur les « quatre faces duquel sont écrits les principaux événements de « la Révolution. Le piédestal est porté par un socle carré sou- « tenu aux angles par les tombeaux de quatre martyrs de la « Liberté : Marat, Le Pelletier, Bara et Charlier. Au pied de ce « monument est l'autel de la Patrie, placé au-devant de la Liberté « sur une petite esplanade où se ferait le cérémonial des fêtes

---

[1] Voir collection du Musée historique d'Orléans, nᵒˢ 645, 650, 651 et 652.
[2] Voir la planche.
[3] Salmon (Jacques-Pierre-François), peintre, élève de Bardin et Regnault, professeur à l'École centrale, puis au collège d'Orléans, né dans cette ville en 1781, y décédé en 1855.

LA SAINTE MONTAGNE

PAR DELAGARDETTE

(Dessin au lavis. — Musée historique d'Orléans.)

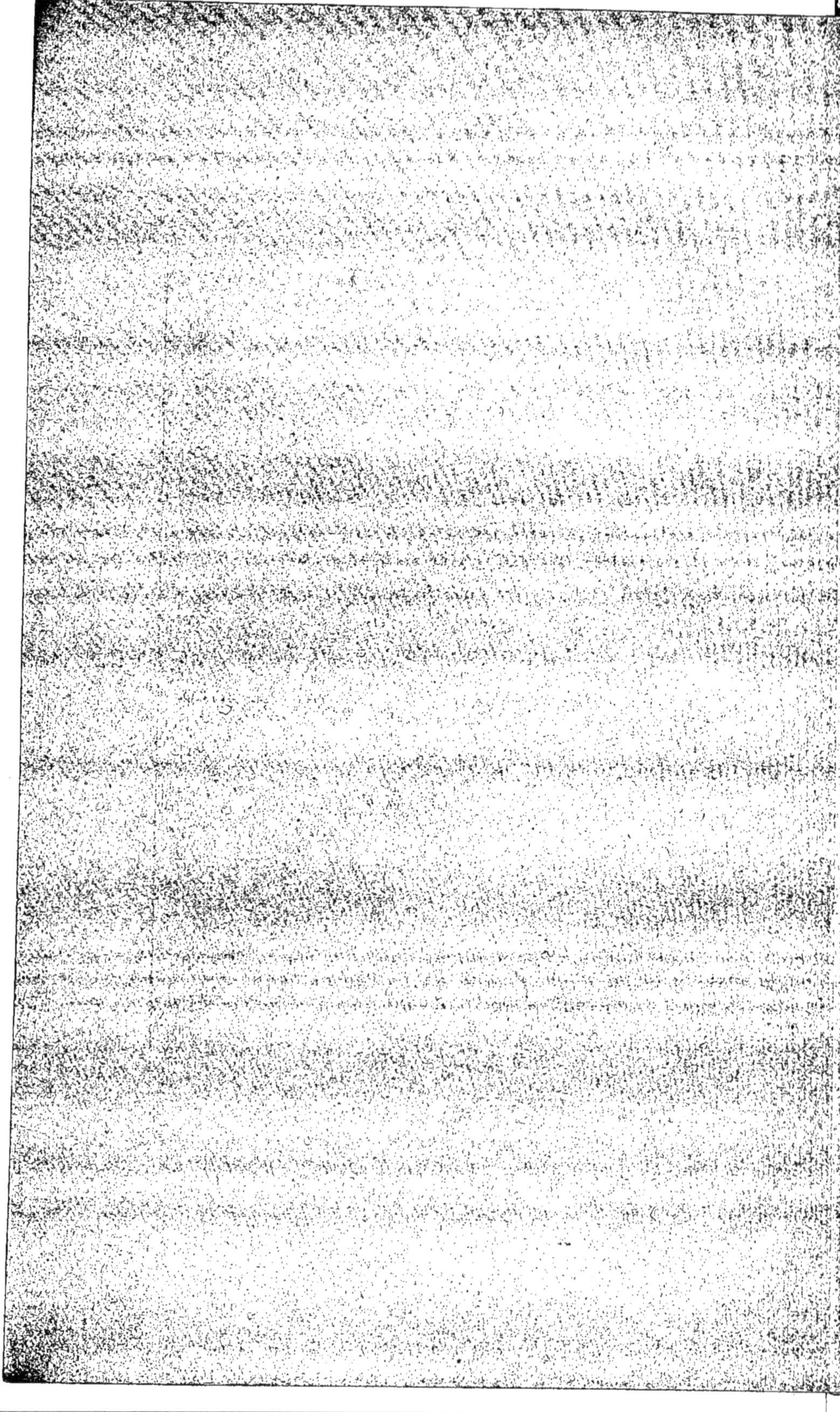

« nationales. Aux deux côtés de l'autel sont deux cassolettes.
« Tout ce monument est élevé sur une montagne construite de
« terre et de rochers sur laquelle on monte par des rampes en
« pente douce, passant tantôt sur les rochers, sur la terre et sur le
« gazon. Au pied de la montagne est le corps de garde qui sur-
« veille le pied des pentes douces. La base de la montagne est
« ceinte d'une balustrade formée de faisceaux plantés près à près
« par deux barres en forme de cordon. »

M. de Buzonnière a complété cette description en rappelant que
les chemins devaient être bordés d'arbres symboliques et d'inscrip-
tions en l'honneur des sauveurs de la patrie. Les matériaux devaient
être tirés des démolitions des portes et murs de la ville. Le devis
des travaux montait à 180,681 francs 11 s. 4 d., somme considé-
rable pour l'époque et qui devait être fournie à l'aide de dons
plus ou moins volontaires. Delagardette fut autorisé à réquisition-
ner tous les tailleurs de pierre, les maçons et les terrassiers de la
commune. Les ouvrages commencèrent, mais l'arrestation des ultra-
révolutionnaires, la cessation des dons, les pluies et les dégels
furent autant d'obstacles à la continuation d'un si beau début. Le
monument ne fut plus qu'un amas de boue, et le conseil de la
commune, sur la proposition de la commission et avec l'appro-
bation du district, crut sage, en vendémiaire an III, d'entreprendre
de nouveaux travaux pour rétablir l'état primitif [1].

Delagardette, durant le temps que son projet le retint à
Orléans, entra en relation avec un grand nombre d'Orléanais, et
ce fut ainsi que vinrent à le connaître la plupart de ceux qui
souscrivirent en 1799 aux *Ruines de Pæstum :* Berthevin, libraire
et mathématicien ; Dubois, architecte voyer ; les ingénieurs Boucher, Rigollot, Limay et Soyer ; les sculpteurs Gois, Bridan, Déjoux
et Drumond ; les peintres Suvée, Lafitte, Cassus, Sallé ; les graveurs
Leblond, Moisy, Houdan et Piquet.

Nous connaissons son domicile à Paris en l'an VI par le titre d'un
de ses ouvrages : « *Essai sur la restauration du temple du Pan-
théon français* par C. M. DELAGARDETTE, architecte, pensionnaire de
la République. Paris, chez l'auteur, rue du Sépulcre, faubourg

[1] DE BUZONNIÈRE, *Histoire architecturale d'Orléans*, tome Ier, page 259. —
LOTTIN, *Recherches historiques sur la ville d'Orléans*, tome III, 2e partie. —
Voy. aussi pièces justificatives, no 1.

Saint-Germain, n° 651, an VI de la République, in-4° de 6 pages avec planches. » Un document annexé à cette notice nous montre qu'il joignait l'enseignement aux travaux professionnels. Lors de l'organisation de l'instruction publique, il insista auprès du ministre de l'intérieur sur la nécessité de créer dans chaque département une chaire de professeur architecte, devant enseigner la coupe des bois de charpente, la géométrie pratique, la coupe des pierres, les notions sur les ombres, la perspective, etc. L'expérience devait lui prouver qu'il avait raison. Lui-même, avant de devenir un professeur officiel, cherchait à répandre les principes de l'art architectonique, et il continuait à Paris l'enseignement qu'il y avait jadis pratiqué, qu'il exerça, nous l'avons vu, à Naples, et qu'il devait poursuivre à Montpellier et à Orléans. Les noms de ses élèves suffisent à établir la vitalité de cet enseignement. Qu'il nous suffise de citer Ménager (Jean-François-Julien), Boué, Godde, Hubert, Nollet, Pinault, Lemit fils, et un Orléanais Pagot qui fut lui-même prix de Rome.

Nous ignorons malheureusement quelles constructions Delagardette éleva à Paris.

Il exposa au Salon de 1800, sous le n° 501, un cadre contenant quatre projets de monuments en l'honneur des braves guerriers qui s'étaient signalés dans les combats. Ces projets avaient été destinés au concours des colonnes départementales. La surface de chacun d'eux était divisée en autant de parties qu'il y avait de cantons dans le département. Au-dessous du nom du canton se lisaient ceux des braves de l'arrondissement.

En 1803, il fit paraître à Paris les *Nouvelles Règles pour la pratique du dessin et du lavis de l'architecture militaire,* 1 vol. in-8°.

Il était membre de la Société libre des sciences et arts de Paris.

En 1801, la confiance du ministre de l'intérieur et celle du préfet de l'Hérault l'appelèrent à Montpellier, où il fut mis à la tête de l'administration des bâtiments civils. Ses appointements officiels s'élevaient à 3,000 francs. Il portait le titre d'architecte de l'École de médecine de Montpellier. Ce fut lui qui installa cette école dans l'ancien palais épiscopal et qui en éleva la nouvelle façade. Ses fonctions ne l'empêchaient sans doute pas de faire des constructions pour les particuliers. Mais le climat du Midi n'était pas favorable à sa santé, il fut continuellement souffrant à Montpellier. D'ailleurs, le tourment des affaires contentieuses ne convenait pas à son esprit ; il voulait mettre aussi la dernière main à plusieurs traités élémentaires d'architecture. Et puis il avait de bons amis à Orléans : Dupuis, l'architecte Lebrun, MM. de Brouville, de Bizemont, Vandeberg, Vinson [1]. Toutes ces considérations l'amenèrent à solliciter la survivance de Bardin, professeur et directeur de l'école gratuite d'Orléans. Par une vraie bonne fortune, les places de professeurs à Orléans, quoique faiblement rétribuées, étaient acceptées par un artiste tel que Bardin, peintre renommé, maître de David, et sollicitées par un habile architecte comme Delagardette. On comprend facilement l'empressement avec lequel, le 28 pluviôse an XIII, le maire fit accueil à la proposition de ce dernier. Bardin recevait un traitement de 1,800 francs. On le partagea en deux. Delagardette devait en prendre la moitié et Bardin conserver le reste jusqu'au jour où la mort du vieux maître rendrait son collègue définitivement seul professeur. Le maire fit luire aux yeux du candidat les sérieuses espérances d'occupations étrangères à l'enseignement municipal. Orléans n'avait, en effet, que deux architectes ; l'un d'eux était Lebrun, le démolisseur de Châteauneuf et de l'église Saint-Aignan, l'homme qui du moins s'efforça de prolonger la vie expirante de la fabrique de porcelaine orléanaise, et qui fut le père de la charmante Eulalie, Mme Ladureau. Delagardette souscrivit aux conditions qui lui étaient faites et reçut, par lettre du 20 floréal an XIII, avis que sa nomination dans les termes convenus était approuvée par l'autorité préfectorale.

Habitant dans la même ville, Delagardette et Dupuis ne pouvaient vivre séparés. Allant au-devant du premier, le second aurait pu lui dire la parole connue : « Je venais vous proposer ou plutôt, car ils se tutoyaient assurément, je venais te proposer, de fixer ton domicile chez moi », et le premier aurait pu répondre comme le fabuliste : « J'y allais. » Du reste, la situation de Delagardette, demeuré célibataire, facilitait l'arrangement. Il descendit donc chez son ami, y installa son mobilier modeste, accrocha

---

1 Parmi les personnages étrangers à cette ville qui connurent Delagardette et s'intéressèrent à ses ouvrages, il convient de nommer les architectes Blondel, Percier et Fontaine, les ministres Talleyrand et Letourneux, les représentants Trouille, François de Neufchâteau, Blad et Delleville, le général Rosilly.

aux murs ses gravures coloriées d'après Panini et ses vues de Rome qui lui rappelaient d'inoubliables souvenirs, déposa dans les coins ses cartons remplis de dessins. Puis, s'asseyant à la table du compagnon de sa jeunesse, il crut que, bientôt rétabli, il coulerait des jours longs et paisibles. Orléans, belle ville, à l'intérieur grave et un peu triste, avec ses vieilles maisons et ses quais si animés alors, devait avoir pour lui des attraits singuliers. Si l'on n'y retrouvait plus Desfriches ni les hôtes qu'y avait attirés le maître de la Cartandière, il restait encore une colonie d'amateurs et de lettrés que Delagardette connaissait et qui pourrait lui fournir une agréable société. Malheureusement l'artiste avait compté sans la mort. Peu de temps après son arrivée, l'Impitoyable frappa à sa porte. Quelle fut la nature de sa maladie? Une lettre datée de Lyon, que nous publions aux pièces justificatives et adressée à son ami Dupuis, en annonçant son arrivée à Orléans, constate qu'il était atteint d'une maladie intestinale qui finit par l'enlever. Du moins Delagardette eut-il la satisfaction de laisser à son fidèle camarade, avec le souvenir d'une douce amitié, ce qu'il possédait : son mobilier, y compris un petit portrait-buste, œuvre du sculpteur Roland [1], puis son petit pécule. Le 27 thermidor an XIII, à huit heures du soir, rue du Vieux Marché, n° 7, chez François Dupuis, Charles-Mathieu Delagardette, architecte, ancien pensionnaire de l'Académie de France à Rome, âgé de quarante-cinq ans, rendit son âme à Dieu.

On l'inhuma au cimetière Saint-Jean, à quarante pas environ sud-ouest de la porte d'entrée. Sur le dessin de Pagot, les nombreux amis et élèves du défunt firent élever un monument très simple, en pierre, dans un style d'ordonnance grecque; ce monument a disparu seulement en 1888. Un médaillon en bronze, représentant le profil du défunt en haut relief et retrouvé récemment, en formait le principal ornement [2]. De chaque côté de ce médaillon, deux lampes sépulcrales en bronze étaient appliquées

[1] Roland (Philippe-Laurent), né à Marc en Fevèle (Nord), le 13 août 1756, mort à Paris, à la Sorbonne, le 11 juillet 1816, agrégé à l'Académie de peinture et de sculpture en 1782, membre de l'Institut en 1795. Élève de Pajou, ce dernier lui fit épouser la fille de l'architecte Nicolas Potain. (Voy. l'*Artiste*, tome VIII, 1846-47, pages 17, 33. — *Roland et ses ouvrages*, par DAVID d'Angers, 1847, in-8°, et Mémoire de la Société des sciences et arts de Lille, 20 juillet 1846.)

[2] Voir la planche.

DELAGARDETTE

D'APRÈS LE BUSTE DE P. L. ROLAND

(Cabinet de M. G. Thomas.)

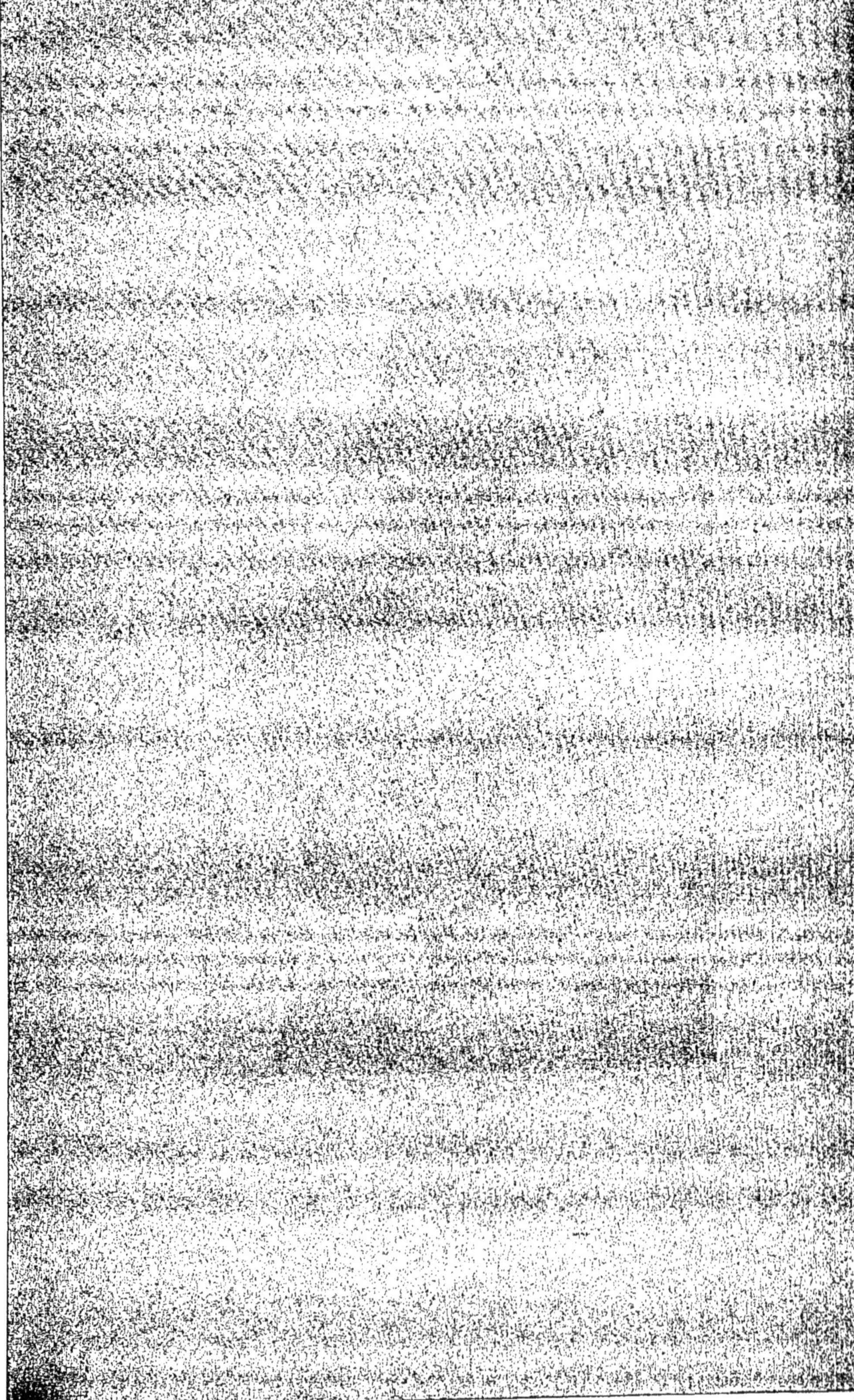

le long d'une plaque de marbre, et sur celle-ci on pouvait lire une
épitaphe ainsi conçue :

A LA MÉMOIRE DE CH. M. DELAGARDETTE,
ARCHITECTE, NÉ A PARIS EN 1762.
IL FUT LE VIGNOLE DE SON TEMPS.
LUI SEUL FIT BIEN CONNAITRE
LES RUINES DE PÆSTUM ET
MOURUT PAUVRE A L'AGE DE 45 ANS.
SIMPLE ET PUR DANS SES MOEURS
COMME DANS SES COMPOSITIONS, IL
FUT L'AMI ET LE PÈRE DE SES ÉLÈVES.

La pauvreté était ici relative. Si, comparé à son ami Lebrun,
Delagardette n'était pas fortuné, célibataire, nous l'avons vu, il
jouissait de quelque aisance suffisante pour ses goûts. Son intime
et son héritier, Dupuis, eut la générosité de donner à l'École gratuite d'architecture d'Orléans, où lui-même enseigna le trait, tous
les portefeuilles remplis de dessins qu'il tenait de Delagardette.
Nous en avons retrouvé un certain nombre parmi les modèles destinés aux élèves; mais l'inventaire dressé en 1846 établit que
plusieurs de ces dessins, sans doute hors d'usage, ont disparu [1].

Pagot était alors inspecteur ordinaire des travaux publics dans
le département de la Seine. La mort de son maître changea la
direction de sa vie artistique. Sur les instances de la municipalité
et de sa famille, il accepta, non sans quelque difficulté et tiraille-
ment, d'être nommé comme adjoint à Bardin et, dès ce jour, professeur en survivance avec stipulation que, lors de la vacance, la
chaire de dessin serait réunie à celle d'architecture. C'est à Pagot
que nous devons la Bibliothèque municipale, le Temple protestant,
l'Entrepôt et le Palais de justice, souvenirs des visions italiennes,
lourds compléments des disparates de la cathédrale de Sainte-Croix,
architecture froide, prétentieuse peut-être, qui ne fait que mieux
ressortir l'élégance de nos vieilles maisons gothiques et la délica-
tesse de nos hôtels de la Renaissance; car il faut bien l'avouer malgré
l'épithète louangeuse, il y a aussi loin de Vignole à Delagardette

---

[1] Ces modèles, au nombre d'une centaine, n'étant plus en usage, nous en
avons obtenu le dépôt au Musée historique orléanais, où ils seront religieusement
conservés.

que de Pagot aux de Dammartin, à Michel Adam et à Androuet
du Cerceau.

PIÈCES JUSTIFICATIVES

I

COMMUNE D'ORLÉANS)

Séance du 21 vendémiaire, l'an 3ᵉ de la République.

Présens les citoyens Louvet, faisant fonctions de président, Lambert,
Chenault, Drouard, Cretté, Constant, Mersan, agent national, et Desir
Lejeune, secrétaire.

. . . .

Les administrateurs du district qui ont pris communication d'une lettre
adressée au citoyen Mersan, agent national près l'administration du district, sous la date du 17 vendémiaire, par la commission des travaux
publics, portant injonction de faire cesser définitivement tous les travaux
relatifs à la Montagne projettée sur la place de la République.
Arrête : 1° Que la ditte lettre sera imprimée, publiée et affichée au
nombre de 300 exemplaires en placards et 100 in-4°.
2° Qu'à la diligence de l'agent national de la commune d'Orléans, les
pavés extraits de la place de la République y seront rétablis. . . . . . .

(Archives départementales du Loiret.)

II

LIBERTÉ   ÉGALITÉ

Montpellier, le 23 nivôse an XIII
de la République française une et indivisible.

*L'architecte de l'École de médecine à M. Grignon Desormeaux,
maire de la ville d'Orléans,*

MONSIEUR LE MAIRE,

« Permettés à un artiste qui n'a pas l'honneur d'être connu de vous, la
liberté de solliciter votre bienveillance pour votre ville, et votre protection

pour lui, pour obtenir dans Orléans et près de vous une place conforme à son goût et au genie d'etude dans lequel il a eu le plus de succès.

Vous avés pensé décidé dit-on, de donner un survivant à Monsieur Bardin professeur de Dessin. C'est cette survivance que je sollicite près de vous, pour assurer mon bonheur le reste de ma vie, dans une ville ou depuis 20 ans je fais des vœux de trouver moyen de m'y fixer avec une place quelque modique qu'elle soit, pour y cultiver les arts, vivre et mourir tranquillement au milieu de mes amis.

Il vous paraîtra singulier sans doute 1º que moi architecte, je sollicite la survivance d'un peintre, 2º que fonctionnaire public à Montpellier avec 3000ʳ d'appointements, je trouve mon bonheur avec un revenu de moins de moitié à Orléans, 3º enfin, quels sont mes droits et mes preuves des talents nécessaires, pour, sans avoir l'honneur d'être connu de vous, oser m'y adresser directement pour solliciter votre appui.

Je vais avoir l'honneur de vous expliquer mes raisons pour chacun de ces trois articles. 1º Depuis plus de 10 ans (lors de l'organisation de l'Instruction publique) j'ai émis mon opinion au Ministère de l'Intérieur et en particulier à Monsieur Chaptal, alors representant, sur la nécessité d'un professeur architecte dans les départements de la France, l'expérience a prouvé que la préférence qu'on a donné aux peintres, n'a pas été fructueuse aux progrès réels des Beaux-Arts. Un architecte au contraire qui y auroit enseigné le Dessin des diverses parties de l'architecture si utile aux ouvriers en bâtiment, qui y eut professé la coupe de pierres, le trait de la menuiserie, la coupe des bois de charpente, la géometrie pratique, les notions des effets des ombres, la perspective etc. et surtout des leçons et des principes surs et comparés de la bonne construction, cet homme dis-je, auroit, je le pense, été plus utile à son pays, et les ouvriers en bâtiment eussent réellement retiré plus de fruit que des principes de peinture. J'ajouterai même que le Loiret par sa position géographique, par le genre de sa population, le gout de ses habitants, Orléans par conséquent, est une des villes de France ou ce genre d'étude est le plus nécessaire, le peu de tems que j'y ai professé et les élèves de ce département, qui ont suivi mes leçons ont prouvé et prouvent encore la vérité de ce que j'avance, je ne vous nommerai que Mᵐᵉ Dupuis, De la Croix[1] et Mʳ Pagot, ce dernier a remporté l'année dernière le 1ᵉʳ prix de l'Académie.

Il me sera bien plus facile de repondre au deuxième article : j'aime les Beaux-Arts pour eux et leur progrès, particulièrement l'architecture que je professe depuis 25 ans, par conséquent rien d'etonnant que je préfe-

[1] Faurel de la Croix.

rerois à Orléans que j'aime, une place même modique, ou je serois professeur, au brillant mais fatiguant honneur d'une plus grande dignité à
Montpellier. A Orléans, livré à l'enseignement de la théorie de la pratique de mon état, au milieu de mes amis dans un climat convenable à ma
santé (depuis que je suis ici j'y suis malade) en étudiant mes leçons je
metrai la dernière main à plusieurs ouvrages élémentaires sur la pratique
de l'architecture, lesquels sont à moitié faits, mais que le brouas des
affaires contentieuses qui caractérisent ici mes occupations m'empêche de
terminer. Ces ouvrages feront la suite et le complément de ceux que j'ai
déjà eu le plaisir de publier avec assés de succès, puisque les 2 éditions
sans augmentations ont doublé de prix.

Quant aux droits, Monsieur le Maire, pour oser demander votre protection pour obtenir une place de professeur de dessin et d'architecture pratique dans votre ville, je vais vous déduire les principaux.

Honoré de toutes les récompenses royales décernées par la ci-devant
Académie d'Architecture; pensionnaire à l'Ecole française des Beaux-Arts
à Rome par suite du 1er prix remporté en 1791; membre de la Société
libre des Sciences et Arts de Paris; vingt-cinq ans de professorat en
architecture théorique, et le succès de tous mes élèves puisque tous, sans
en excepter aucun, ont été honorés des recompenses nationales dont deux
ont remporté le premier prix de la c. d. Académie, M. Pagot de votre
ville en est un. Auteur de plusieurs ouvrages élémentaires estimés en
architecture, plusieurs maisons exécutées sur mes dessins et ma conduite
à Paris, Houdan, St Cloud, Montpellier, Sette, etc. La gestion de la place
que j'occupe depuis quatre ans, la confiance du Ministère de l'Intérieur,
celle du Préfet de l'Hérault qui m'a confié ici l'administration des Bâtiments civils. Enfin, Monsieur le Maire, l'estime et l'amitié de votre conci-
toyen M. Lebrun, que vous pouvés interroger à tous égards, ainsi que
Mrs Debrouville de Bismond, Vandebergues, Vinsson, etc.

Il est bon de vous instruire, Monsieur le Maire, que ma santé ne me
permettant pas de passer encore une année de ce climat qui m'est per-
fide, j'ai depuis longtemps donné ma démission, elle me sera accordée
pour le semestre de messidor, époque à laquelle je me rendrai à Orléans.

Je vous prie de vouloir bien m'honorer d'une réponse en attendant
que j'aie celui de vous présenter mes respects, et vous témoigner mes
sentiments de reconnoissance.

J'ai l'honneur d'être, Monsieur le Maire,
Votre très humble et très obéissant serviteur.

Signé : DELAGARDETTE. »

III

LIBERTÉ   ÉGALITÉ

Lion, le 6 messidor an XIII
de la République française une et indivisible.

« DELAGARDETTE A SON AMI DUPUIS.

Je suis arrivé hier soir à Lion et j'en repart demain vendredi 7, à 4 heures du matin. Je serai 4 jours 1/2 pour arriver à Briare, en conséquence nous y arriverons (avec M. Iaudet? s'entend) samedi à midi ou une heure. Ainsi en partant de Briare dans l'après-midi, nous pouvons arriver à Orléans dimanche à midi, si nous n'en repartons que dimanche matin nous n'arriverons que dimanche au soir. Je suis toujours malade, une courante très douloureuse ne m'a point encore quitté depuis trois jours avant mon départ de Montpellier.

Je désire bien ne la pas conduire à Orléans. Adieu, mon bon ami, bientôt je pourrai te dire bonjour.

DELAGARDETTE.

Donnes-en avis à Becavin et à ceux que cela intéresse sincèrement. »

(Ces deux lettres font partie des collections de M. H. Herluison.)

IV

Acte de décès de C. M. Delagardette.

« Aujourdhui 28 Thermidor an XIII, à deux heures après midi, par devant moi Jacques Delaloges-Ligny, adjoint à la mairie d'Orléans, département du Loiret, sont comparus François Dupuis, couvreur âgé de 43 ans, et Etienne Plisson, grainetier âgé de 58 ans, demeurant tous deux à Orléans, 4ᵐᵉ arrondissement rue du Vieux Marché l'un nᵒ 7 l'autre nᵒ 8 ; voisins de Claude Mathieu Delagardette, architecte et professeur de dessin, natif de Paris, âgé de 45 ans, domicilié audit Orléans, même arrondissement et rue, fils de Mathieu-François Delagardette et de Marie-Marguerite Couvet. Lesquels nous ont déclaré que ledit Claude Mathieu Delagardette est mort hier à huit heures après midi dans son susdit domicile.

Signé : F. DUPUIS, PLISSON. »

(Extrait des registres des décès déposés à l'Hôtel de ville d'Orléans, Archives de l'état civil, année 1805.)

PARIS. TYPOGRAPHIE DE E. PLON, NOURRIT ET Cⁱᵉ, 8, RUE GARANCIÈRE. — 1896.

9 782019 967086